ear

ear

tear

fear

b**ea**rd

2017

January
Mo Tu We Th Fr Sa Su
                                1
2 3 4 5 6 7 8
9 10 11 12 13 14 15
16 17 18 19 20 21 22
23 24 25 26 27 28 29
30 31

February
Mo Tu We Th Fr Sa Su
        1 2 3 4 5
6 7 8 9 10 11 12
13 14 15 16 17 18 19
20 21 22 23 24 25 26
27 28

March
Mo Tu We Th Fr Sa Su
      1 2 3 4 5
6 7 8 9 10 11 12
13 14 15 16 17 18 19
20 21 22 23 24 25 26
27 28 29 30 31

April
Mo Tu We Th Fr Sa Su
                      1 2
3 4 5 6 7 8 9
10 11 12 13 14 15 16
17 18 19 20 21 22 23
24 25 26 27 28 29 30

May
Mo Tu We Th Fr Sa Su
1 2 3 4 5 6 7
8 9 10 11 12 13 14
15 16 17 18 19 20 21
22 23 24 25 26 27 28
29 30 31

June
Mo Tu We Th Fr Sa Su
            1 2 3 4
5 6 7 8 9 10 11
12 13 14 15 16 17 18
19 20 21 22 23 24 25
26 27 28 29 30

July
Mo Tu We Th Fr Sa Su
                    1 2
3 4 5 6 7 8 9
10 11 12 13 14 15 16
17 18 19 20 21 22 23
24 25 26 27 28 29 30
31

August
Mo Tu We Th Fr Sa Su
        1 2 3 4 5 6
7 8 9 10 11 12 13
14 15 16 17 18 19 20
21 22 23 24 25 26 27
28 29 30 31

September
Mo Tu We Th Fr Sa Su
                1 2 3
4 5 6 7 8 9 10
11 12 13 14 15 16 17
18 19 20 21 22 23 24
25 26 27 28 29 30

October
Mo Tu We Th Fr Sa Su
                        1
2 3 4 5 6 7 8
9 10 11 12 13 14 15
16 17 18 19 20 21 22
23 24 25 26 27 28 29
30 31

November
Mo Tu We Th Fr Sa Su
      1 2 3 4 5
6 7 8 9 10 11 12
13 14 15 16 17 18 19
20 21 22 23 24 25 26
27 28 29 30

December
Mo Tu We Th Fr Sa Su
                1 2 3
4 5 6 7 8 9 10
11 12 13 14 15 16 17
18 19 20 21 22 23 24
25 26 27 28 29 30 31

spears

earwig

earrings

ear ear

ear ear

ear

ear
tear
fear
beard
year
spears
earwig
earrings